Christine de Buzon

Le Château de CHAMBORD

BONECHI

Ci-contre, *vue aérienne de la façade sud dans son environnement de verdure. A droite, les vestiges des écuries du Maréchal de Saxe.*

Ci-dessus, *la grande façade nord et la rivière canalisée du Cosson.*

LE CHATEAU DE CHAMBORD

Le château de Chambord est le plus vaste et le plus imposant des châteaux de la Loire dont la période de renouvellement et d'épanouissement se situe entre 1450 et 1525. Témoin extraordinaire de la magnificence du règne d'un roi-bâtisseur, François Ier, il s'élève au milieu d'un parc clos de murs qui délimitent une immense réserve de chasse d'une superficie comparable à celle de Paris. La simple grandeur de ce site incomparable met en lumière la qualité d'une architecture audacieuse et l'abondance raffinée du décor sculpté. Ce château porte la marque d'une influence italienne (Dominique de Cortone et surtout Léonard de Vinci) même si l'on connaît le nom des trois maîtres-maçons français qui y travaillèrent (Sourdeau, Trinqueau et Coqueau). Il est avant tout le château de François Ier et le symbole de son pouvoir et de son prestige.

LES DEUX GRANDES FAÇADES

Les quatre tours de la longue ***façade nord-est*** *(photo ci-dessus), survivanced de l'architecture seigneuriale du Moyen Age, rythment verticalement une façade imposante. A l'est (à gauche de la photo) se trouve la tour des appartements du roi François Ier. A l'ouest, la tour de la chapelle est ornée de vitraux et surmontée d'une croix. Cette volonté de placer symétriquement Dieu et le roi est symboliquement très hardie.*
Au milieu de cette façade, toutes les fenêtres du premier étage entre les deux tours centrales éclairent les appartements de Louis XIV. Au second plan, la tour la plus haute du château est appelée la lanterne. *Elle abrite un escalier qui conduit à une petite terrasse (interdite au public) d'où se dresse un lanternon lui-même surmonté d'une immense couronne et d'une*

La façade ouest du château, de la tour de la chapelle à la tour des Princes, et la porte Dauphine.

fleur de lys colossale. La présence de cet emblème des rois de France au sommet de la lanterne démontre la volonté royale d'affirmer la puissance de ce symbole.
La ***façade sud****, qui donne accès au château, dévoile le plan d'ensemble du monument. Au-delà de l'enceinte basse percée de la* Porte Royale*, un immense bâtiment carré flanqué de quatre tours rondes, le* donjon*, communique par des galeries, d'une part à la tour des appartements du roi François Ier, d'autre part à la tour de la chapelle. Ces deux tours sont elles-mêmes reliées à l'enceinte basse par deux ailes en retour. L'enceinte délimite une cour d'honneur sur trois côtés, le bas étage des bâtiments couverts de terrasses servait d'offices sans masquer la vue des appartements du donjon.*
La présence d'escaliers inachevés prouve qu'il avait été prévu de surélever cette enceinte avant d'y renoncer.

LES COULEURS DE CHAMBORD

La château est construit en pierre de tuffeau, pierre blanche et tendre, qui se prête au travail des sculpteurs mais résiste mal aux altérations du temps. Le soubassement est en calcaire de Beauce, pierre plus résistante. La plupart des matériaux de construction du château ont été acheminés par bateau sur la Loire jusqu'au port voisin de Saint-Dyé. L'emploi de l'ardoise pour les toitures mais aussi pour le décor géométrique appliqué sur les lucarnes et les cheminées au-dessus du niveau des terrasses rappelle l'emploi du marbre dans les constructions italiennes. Ces ardoises ont été restaurées à plusieurs reprises. Au temps de François Ier, les toits étaient en outre décorés de plombs dorés qui émerveillaient les visiteurs.
Avant de pénétrer dans le château, le visiteur contourne d'abord l'aile de la chapelle, puis il longe l'aile Dauphine et l'aile des Princes.
La chapelle *est logée au premier étage sur la hauteur de deux niveaux et déborde de la tour jusque dans l'aile Dauphine. De l'extérieur, elle est signalée par les vitraux du XIXe siècle. Le pavillon de l'*aile Dauphine *comporte quatre niveaux moins élevés que le donjon.*
Il est desservi par l'escalier Henri II dans la cour d'honneur et par l'escalier logé dans la tourelle ronde

Pages suivantes, *vue aérienne du château, façade sud. La splendeur de ce château complexe est soulignée par la lumière, la simplicité des abords, la beauté de la forêt.*

surmontée d'une petite coupole visible sur la photo. L'aile des Princes *est située dans l'enceinte basse couverte maintenant en terrasses. Des appartements destinés à la Présidence de la République ont été aménagés à l'entresol pour être utilisés temporairement il y a une dizaine d'années. Derrière l'enceinte, la masse imposante du donjon n'est que partiellement masquée et présente surtout aux regards le contraste frappant entre les façades et la fine dentelle du décor sculpté des parties hautes du château, au-dessus du niveau des terrasses.*

LE SITE DE CHAMBORD

L'occupation du site est très ancienne: à un probable atelier mérovingien de monnaie, succéda notamment un premier château des comtes de Blois datant du XIIe siècle, dont on a retrouvé des vestiges sous le château actuel et qu'il fallut achever de détruire. Au XIVe siècle, on connaît l'existence non seulement du château mais encore d'une chapelle, d'un four banal et de moulins sur le Cosson.

Le château se reflète dans la rivière du Cosson, petit affluent de la rive gauche de la Loire qui aurait donné son nom au domaine et au château puisque Chambord vient du celtique Cambo ritos, *le «gué sur la courbe» du Cosson. Outre les fermes et les pavillons, le parc de Chambord contient d'autres constructions: la chapelle de Maurepas et, en lisière du mur sud, à 7 km du château actuel, les vestiges du château de Montfraut (démoli en 1778) où François Ier logea parfois pendant la construction du château de Chambord. Enfin, entre le château actuel et Montfraut, on peut localiser la motte de Vienne et un vieux Montfraut à distinguer de son homonyme.*

LES ÉTAPES DE LA CONSTRUCTION

Le roi a d'abord voulu un donjon, ce carré central flanqué de quatre tours rondes, dont les fondations (partiellement sur pilotis) ont été commencées en septembre 1519. Le reste du château a été projeté et construit dans un second temps. Le roi était passionné d'architecture: c'était l'un de ses plus grands

plaisirs et il suivit de près l'avancement du chantier avant et après l'interruption involontaire des années correspondant à sa captivité.
La tour et l'aile abritant les appartements de François Ier ont été commencées en 1540 et le roi a sans doute pu habiter son appartement en 1545 et 1546. A sa mort en 1547, le château n'était pas achevé. L'aile de la chapelle, qui fait symétrie avec les appartements du roi, si elle avait reçu une charpente (qui sera réutilisée à Saint-Solenne à Blois) n'avait pas reçu de couverture, et les intempéries commençaient à causer de graves désordres. Les travaux ont continué sous Henri II mais on peut assurer que le château a été sauvé de la ruine par Gaston d'Orléans et définitivement achevé par Louis XIV à la fin du XVIIe siècle, avant que ce roi n'entreprenne la réalisation du château de Versailles.

Ci-contre, *façade nord: le volume des tours centrales est accentué par les ombres. Les lucarnes en haut des tours rivalisent de hauteur avec les cheminées «bâties de telle sorte qu'elles ressemblent à de petits châteaux, car elles sont très larges et presque carrées, très hautes et toutes ouvragées en pierre noire et blanche si bien qu'elles semblent servir davantage à l'embellissement du château qu'à leur propre usage.»* (Moraes, 1541).

En bas, *aile est, rez-de-chaussée: les carrosses de gala du Comte de Chambord.*

UNE ARCHITECTURE DE PRESTIGE

François Ier fit quelques séjours d'une ou plusieurs semaines à Chambord et y reçut des hôtes de marque, en particulier Charles Quint. En 1539, seul le donjon était en voie d'achèvement mais il pouvait servir de décor à des manoeuvres diplomatiques de la plus haute importance. L'accueil fait à Charles Quint ne manquait pas d'éclat. Le château avait été meublé pour l'occasion et garni de tentures (damas, taffetas, velours noir et or orné d'aigles couronnés et marqué des armoieries impériales). Selon le secrétaire du roi, Claude Chappuis, le château

> «Pour l'empereur
> en ses salles superbes
> Brusle senteurs et répand
> fleurs et herbes.»

La disposition du château émerveilla le rival du roi de France qui «l'admira comme un abrégé de toute l'industrie humaine de son temps».
Dans les années 1540, nous avons des preuves de la célébrité de Chambord, avant même son achèvement. Dans un roman fameux, Amadis de Gaule *(livre IV, 1544), un plan et une vue de Chambord illustrent la description d'un château idéal. Par ailleurs Francisco de Moraes, romancier et secrétaire d'un ambassadeur portugais, qui a vraisemblablement visité Chambord en 1541 et qui a été impressionné par le gigantisme du lieu, affirme que le château «a quatre portes pour les quatre parties du monde». Il ajoute que «la plus extraordinaire invention de ce château est un escalier en vis qui est en son centre entre les quatre salles».*

En haut, *Donjon, rez-de-chaussée: le départ de l'escalier double, ses piliers aux chapiteaux sculptés et la balustrade.*

En bas, *Donjon, rez-de-chaussée: un bras de la salle en croix.*

L'ESCALIER DOUBLE

La merveille du château est bien cet escalier central à vis à double révolution. Deux volées de marches en hélice se superposent et s'enroulent autour d'un noyau creux dans lequel on peut pénétrer au rez-de-chaussée. Ce noyau est percé de baies qui permettent à ceux qui empruntent l'une des volées de voir les autres sans pouvoir les rencontrer. Henry James, parlant de cette «attraction» dans son *Voyage en France*, remarque que cet escalier est «un exemple d'humour vraiment majestueux; il donne pour ainsi dire le ton de Chambord». De nombreux grands personnages (et tant d'enfants) ont joué à l'impossible rencontre dans ces deux volées de marches superposées qui laissent croire à chacun que l'autre monte dans une direction opposée.
L'escalier est protégé par une balustrade qui donne, comme un mirador ou comme une loge, sur les salles en croix, destinées aux fêtes, aux bals et aux concerts où se concentrait la vie brillante de la cour.

En haut, *Donjon, premier étage, l'escalier à double révolution: le décor sculpté sur les chapiteaux des piliers extérieurs de l'escalier.*

En bas, *Donjon, second étage: l'escalier à double révolution et les voûtes à caissons sculptés en alternance du F couronné et de la salamandre, les emblèmes de François Ier.*

En haut, *Donjon, tour-lanterne: la voûte sculptée des emblèmes de François Ier repose sur des piliers ornés de niches et souligne le départ de la vis simple, éclairée de baies, qui est placée au-dessus du noyau creux de l'escalier à double révolution.*

Ci-contre, *Donjon, tour-lanterne: la profusion du décor sculpté et des applications d'ardoises annonce la richesse prodigieuse du décor visible au niveau des terrasses.*

L'escalier s'appuie sur de piliers quadrangulaires ornés comme des pilastres avec leurs bases et leurs chapiteaux. Les triples chapiteaux sculptés représentent un excellent exemple de l'art de la première Renaissance française. La variété et la fantaisie de l'inspiration sont extrêmes: thèmes végétaux, animaliers, mythologiques, etc. Au second étage, les voûtes surbaissées des salles en croix sont ornées de caissons sculptés où l'on retrouve le F, initiale de François Ier, et la salamandre. L'escalier double conduit aux terrasses et est couronné par une nouvelle voûte sculptée déployée autour d'une dernière vis, dont la cage prolonge le noyau creux de l'escalier double. Au-dessus de cette voûte, d'une nouvelle terrasse, les huit arcs-boutants s'élèvent vers le lanternon qui porte le lys de France.

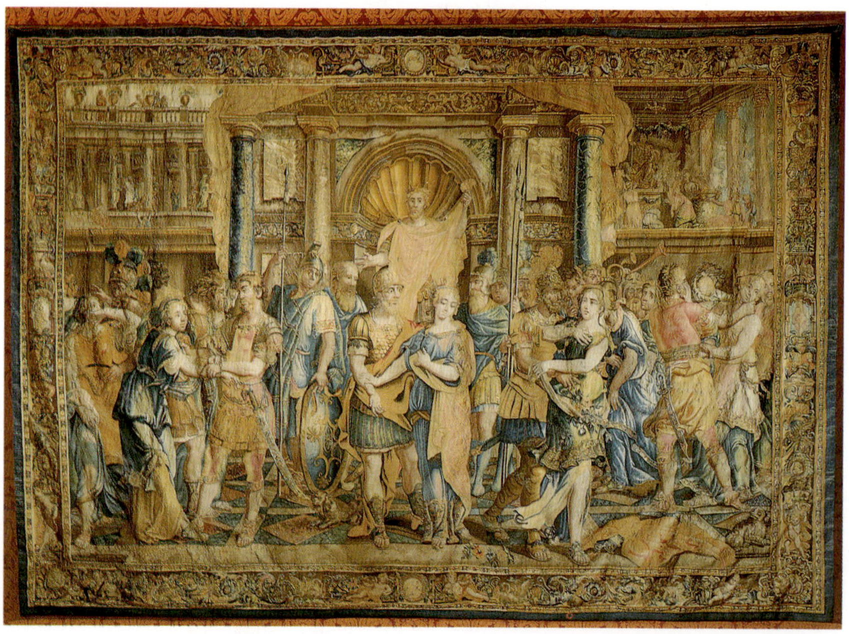

En haut, *la grande salle de l'appartement de la Dauphine Marie-Anne de Bavière, épouse du Dauphin, fils de Louis XIV, dit le Grand Dauphin.*

Ci-contre, *tapisserie des Flandres du XVII*[e] *siècle,* L'Enlèvement des Sabines, *d'après Jules Romain.*

LES APPARTEMENTS

Le donjon du château de Chambord est divisé à chaque niveau par une salle en croix qui assure les circulations et conduit à l'escalier central. Cette disposition délimite des quartiers dans lesquels sont logés des appartements.
Le château de Chambord allie deux traditions: à la tradition française de la demeure royale ou seigneuriale fortifiée, munie de tours qui sont autant de symboles du pouvoir (comme au château de Vincennes), s'ajoute l'influence de l'architecture italienne des palais et des villas. Les guerres d'Italie avaient déjà permis à Charles VIII de tenter d'importer les splendeurs italiennes sur le sol français.

Ci-contre, Portrait de la Dauphine.

En bas, *une petite salle entresolée où l'on conserve des gravures et objets se rapportant à Henri, duc de Bordeaux et comte de Chambord. Sur le mur de gauche, portraits du comte et de la comtesse de Chambord; au fond, la vitrine contient notamment les volumes donnant les noms des souscripteurs de Chambord; sur la cheminée, buste en marbre blanc d'Henri, vers 1843.*

La modernité de l'Italie est également diffusée dans l'architecture française des bords de Loire par des hommes nouveaux, puissants et proches du roi, qui firent édifier les châteaux de Bury (détruit) et de Chenonceau.
François Ier a invité Léonard de Vinci en France et lui a donné plusieurs commandes, notamment celle d'un palais royal à Romorantin qui ne sera jamais édifié. Léonard de Vinci meurt au manoir de Cloux (c'est-à-dire le Clos-Lucé) près d'Amboise (ce manoir privé se visite et abrite une collection de maquettes de quelques-unes des inventions de Léonard) au printemps 1519, soit quelques mois avant le début de la construction de Chambord.
L'influence de Léonard sur le château de Chambord a été étudiée par J. Guillaume: Léonard de Vinci a laissé des dessins montrant des escaliers à plusieurs volées superposées destinés à des usages militaires et des églises à plan centré surmontées d'une coupole. Le principe d'une salle en croix à quatre branches est celui de la basilique Saint-Pierre de Rome que construisit Bramante à partir de 1507. Ce principe est combiné à Chambord avec la volonté de créer des appartements dont le plan est régulier. Il y en a huit par niveau: quatre sont logés

En haut, *Donjon, rez-de-chaussée: la salle dite des Soleils, ainsi dénommée parce que les boiseries, qui proviennent de l'appartement de Gaston d'Orléans, frère de Louis XIII, sont ornées d'un soleil. On peut encore y admirer des volets intérieurs munis de ce décor sculpté. Certaines de ces boiseries ont été données par le comte de Chambord à l'un de ses fidèles, O. de Rochebrune, qui les installa au château de Terre-Neuve en Vendée. Cette salle est décorée de portraits de souverains liés à l'histoire du château (à gauche Charles X et à droite Stanislas Leszczinski) et d'une tapisserie de Bruxelles du XVIe siècle,* La vocation d'Abraham, *d'après Bernard van Orley.*

En bas, *tableau du Baron Gérard,* La Reconnaissance du duc d'Anjou comme roi d'Espagne.

dans le carré du donjon, les quatre autres sont placés dans les tours rondes. Le principe d'une régularité du plan avait déjà été adopté pour la construction des villas toscanes.

Chaque appartement se compose d'une grande salle et de quatre autres petites pièces entresolées (cabinets et garde-robes). A la jonction de la tour et du donjon, deux autres petites pièces entresolées devaient servir d'oratoire. Dans les appartements du carré du donjon, les petites pièces sont placées sur un des grands côtés de la grande salle. Dans les tours rondes, elles sont logées sur chacun des grands côtés.

Le confort des appartements est assuré par des cheminées dans la grande salle et les cabinets superposés. Les appartements sont desservis par des petits escaliers intérieurs et par des escaliers dits "de fond en comble" qui conduisent en effet aux appartements situés dans les pavillons des terrasses dotés des mêmes dispositions.

Ci-contre: *Louis XIII*. En bas, à gauche: *Portrait de Charles X*. En bas, à droite: *Portrait de Louis XV*.

Donjon, premier étage, appartement de la Dauphine, chambre du XVIIIe siècle habitée par Marie-Anne de Bavière, épouse du Grand Dauphin: Portrait de la reine Marie Leszczińska *(1703-1768). Elle épousa Louis XV en 1725.*

Ci-contre, *Donjon, rez-de-chaussée, salle des chasses de François Ier: elle est éclairée par des lustres et des bras de lumière, copies modernes d'après des modèles d'Abraham Bosse.*

LE DÉCOR ACTUEL DE CHAMBORD

Le château, pour des raisons historiques, n'a pu garder un ensemble mobilier cohérent et l'on conserve peu de documents (hormis des inventaires) permettant de restituer les états successifs de l'ameublement. L'Etat, qui a pris possession du domaine en 1930, a achevé, dans la période 1962-1972, d'énormes travaux de restauration du gros oeuvre et d'aménagement des abords. Le château avait été classé Monument historique dès 1840, lors de l'établissement de la première liste.
Depuis 1970, l'effort s'est porté sur les restaurations intérieures du château, même si des travaux importants ont été entrepris dans la tour-lanterne en 1990-1991. On a choisi le parti de rassembler dans les appartements des meubles de grande qualité qui, seuls, pouvaient convenir à la majesté du lieu. Dations, acquisitions et dépôts permettent de redonner vie à ces salles immenses.
Au rez-de-chaussée (qui peut être utilisé pour des réceptions – se renseigner à la Caisse nationale des Monuments historiques et des Sites) et au premier étage, les salles rappellent le souvenir des rois ou des grands personnages liés à Chambord: appartements de François Ier, appartements de Louis XIV et de la reine (récemment ouvert au public), salle des souvenirs du comte de Chambord, etc.
Au second étage, se trouvent exposées des collections du Musée de la Chasse et de la Nature qui rappellent la vocation cynégétique du Domaine.

FRANÇOIS Ier CHAMBORD ET LA CHASSE

La terrible légende de Thibaud le Tricheur, comte de Blois, raconte qu'il fut condamné par Dieu, en punition de ses crimes, à chasser pour l'éternité le même cerf sans pouvoir le forcer. On disait que certains soirs d'automne on entendait passer dans le ciel de Chambord cette chasse fantastique sans jamais pouvoir la voir. Comme presque tous les rois de France, François Ier, et avant lui Louis XI en forêt de Chinon, était un chasseur infatigable. La création du domaine de Chambord est liée au goût qu'éprouvèrent les rois de France successifs pour la chasse. François Ier, qui y prenait un plaisir particulier, agrandit le domaine en achetant des terres aux alentours et il ordonna en 1542 de le faire ceindre d'un mur (longueur actuelle: 33 km). Le mur devait protéger, d'une part, les grands animaux des braconniers, et d'autre part, les riverains du parc des déprédations que les animaux pouvaient faire dans les cultures. Le mur resta inachevé du côté de la forêt de Boulogne jusqu'à la reprise des travaux ordonnée par Gaston d'Orléans. L'année de sa mort, François Ier avait créé une capitainerie de chasse qui ne fut supprimée que par Louis XVI.
La variété des paysages était sensible en 1577 lorsque l'ambassadeur vénitien Jérôme Lippomano visita Chambord: «L'intérieur du parc, dans lequel le château est situé est rempli de forêts, de lacs, de ruisseaux, de pâturages et de lieux de chasse et au milieu s'élève ce bel édifice avec ses créneaux dorés, ses ailes couvertes de plomb, ses pavillons, ses terrasses et ses galeries, ainsi que nos romanciers décrivent le séjour de Morgane ou d'Alcine (...) Nous partîmes de là ébahis, ou plutôt confondus».

Page ci-contre, *Donjon, rez-de-chaussée, la salle des chasses de François Ier: elle est meublée d'une suite de tapisseries datant de la fin du XVIe siècle,* L'histoire des chasses du roi François, *exécutées d'après les cartons de Laurent Guyot à la Manufacture de Paris, atelier du faubourg Saint-Germain.*

En bas, *détail d'une tapisserie montrant François Ier se préparant avant une chasse à courre.*

Détails des tapisseries de L'histoire des chasses du roi François.

Ci-contre, *la chambre de François Ier dans la tour nord-est: la grande cheminée Renaissance et le lit à baldaquin.*
La chambre de François Ier fut terminée un an avant le dernier séjour du roi et n'avait conservé aucun vestige de son décor initial.

Ci-dessus, *l'une des portes de bois sculpté, un siège pliant et le coffre en marqueterie se détachent sur le fond de velours rouge.*

L'APPARTEMENT DE FRANÇOIS Ier

La chambre de François Ier

Dans la tour d'angle de l'enceinte située au nord-est, à l'étage noble, se trouvait, selon des documents d'époque, la chambre de François Ier. Cette pièce est sans doute la plus froide du château. Le lit et les murs sont tendus d'un velours rouge sur lequel on a fixé légèrement de précieuses broderies à fils d'or et d'argent à motifs végétaux du XVIe siècle, d'origine italienne. La chambre est sobrement meublée de coffres, dont l'un est remarquable par son travail de marqueterie, et de sièges pliants qui rappellent que le roi et sa cour se déplaçaient souvent d'un château à l'autre. Cette chambre contient en outre la copie d'un buste du roi conservé au Louvre.
«*Souvent femme varie, bien fol est qui s'y fie*».
C'est dans cette pièce que Brantôme affirme avoir lu cette inscription gravée par le roi lui-même dans l'embrasure d'une des fenêtres et non sur un vitrail, comme le dit la légende transmise notamment par une gravure (voir illustration page suivante).
Cette pièce servit par la suite de chambre à Gaston d'Orléans, frère de Louis XIII, à Philippe d'Orléans, frère de Louis XIV, puis à Catherine Opalinska, reine de Pologne.
La porte sculptée d'une salamandre surmontée

d'une couronne fermée, et d'un semis de petites flammes, dissimule l'escalier de fond en comble qui dessert cette tour. L'appartement de François Ier se compose, comme tous les autres, d'une grande pièce et de quatre autres entresolées. Mais il a la particularité de comporter un cabinet supplémentaire et une très longue salle du conseil logée dans le pavillon attenant et qui était vraisemblablement destinée aux audiences.

Le cabinet de François Ier

C'est sans conteste l'une des pièces les plus remarquables et les plus admirées du château. Elle est située en dehors de la tour comme en témoigne la forme arrondie de ses murs. Au-dessous de cette pièce, un escalier devait permettre au roi de descendre à la terrasse située au pied du château. Cet escalier a été achevé au XXe siècle.
Cette pièce est voûtée en berceau à la différence des salles en croix du second étage du donjon et elle est éclairée par des baies percées sur deux des côtés. Son toit est aménagé en terrasse à balustrades et donne sur la grande façade nord.
Cabinet ou oratoire? La différence n'était sans doute pas bien grande au XVIe siècle. Notons cependant que l'important décor sculpté ne comporte rien de religieux. Aux emblèmes de François Ier, salamandres et initiales, qui se retrouvent ailleurs dans le château, s'ajoutent des fleurs de lys et l'écu de France, tenu par deux *putti*.
Cette pièce était dénommée oratoire en 1565 et a effectivement servi d'oratoire à la reine sous le règne de Louis XIV puis lors de l'installation de la reine Catherine Opalinska. En témoigne une gravure exposée sur l'un des murs qui montre qu'un autel avait été placé devant l'une des baies cintrées obturée.

En haut, *le cabinet de François Ier, seule construction hors-oeuvre, sa voûte en berceau à caissons sculptés et la porte donnant sur la galerie.*

En bas, *gravure de Desnoyers (XIXe siècle) d'après Richard, représentant le roi en compagnie de sa sœur Marguerite de Navarre.*

GASTON D'ORLÉANS À CHAMBORD

Gaston d'Orléans était passionné par l'architecture. Les travaux qu'il entreprit au château de Blois et qu'il avait confiés à l'architecte François Mansart furent définitivement interrompus en 1638. Lorsqu'il décide de s'occuper de la remise en état du parc de Chambord (1639), des abords du château puis de l'édifice lui-même (1640-41), où il aime à séjourner, il a fort à faire parce que tout court à la ruine. Sa restauration resta incomplète, probablement faute d'argent, mais les travaux restent assez considérables dans les grandes salles en croix et à la tour-lanterne qui pâtissait de la chute de deux de ses arcs-boutants.

Gaston d'Orléans occupait la chambre de François Ier et c'est sans doute à lui qu'on doit le cloisonnement de la grande salle d'audience du roi qui occupait tout l'étage noble de l'aile est, en une grande pièce carrée, prenant jour sur les deux façades, un couloir et deux autres pièces.

Donjon, premier étage: un des quatre poêles en faïence de Meissen (1749) aux armes du Maréchal de Saxe jadis installés dans chacun des bras de la salle en croix au premier étage du donjon. Les trois autres ont été vendus à la Révolution.

Photo by: Arnoux-Serreau

En haut, *la chambre de Louis XIV (1643-1715), aménagée en 1681; elle fut habitée par Stanislas Leszczinski (1725-33) et servit de chambre de parade au Maréchal de Saxe (1748). A cette occasion, la pièce fut lambrissée de boiseries sculptées par Desgoulons et Roumier en 1723 pour le cabinet octogone de la duchesse d'Orléans à Versailles. Sur la cheminée en marbre du Languedoc, un cartel de 1695.*

Ci-contre, *la chambre de la reine Marie-Thérèse d'Autriche (1638-1683) puis de la marquise de Maintenon (après 1685) dans l'appartement de la tour voisine. Cette chambre a été réaménagée en 1784 par le marquis de Polignac en prévision d'un séjour de la reine Marie-Antoinette qui n'eut pas lieu.*

L'APPARTEMENT DE LOUIS XIV

Le roi Louis XIV entreprit des travaux bien plus considérables et redonna vie, un temps, à cette fastueuse demeure que le XXe siècle déclare inhabitable. Non seulement il y fit faire des aménagements intérieurs mais il entreprit d'achever le château en confiant les travaux à Jules Hardouin-Mansart (aile de la chapelle et surélévation des offices), de créer une esplanade au sud comprenant notamment des bâtiments de service (restés inachevés) et, enfin, de réaménager les abords en construisant d'immenses écuries (abattues en 1755) destinées à accueillir 300 chevaux. Les travaux à effectuer dans la chapelle étaient très importants. La tour n'avait pas reçu de couverture et la voûte elle-même était inachevée.
Quant à l'enceinte basse, elle reçut, à l'ouest et au sud, des combles brisés à la Mansart qui furent supprimés au XXe siècle parce qu'ils étaient en mauvais état.
Dès 1666, la paroisse demandée par les habitants du village fut créée et la construction de l'église Saint-Louis fut commencée trois ans plus tard.
Pour les visiteurs du château, les deux autres modifications décidées par Louis XIV furent le remplacement de la porte d'accès au château par l'actuelle *Porte Royale* à fronton classique et l'installation des appartements royaux au premier étage du donjon. Louis XIV modifia le plan voulu par François Ier en fermant un des bras de la salle cruciforme (1668). Son appartement en enfilade «à la française» se constituait principalement de troix grandes pièces désormais parquetées dont deux servaient d'antichambre. La chambre de Louis XIV est précédée d'une petite pièce destinée à un valet où l'on a replacé un lit pliant du XVIIIe siècle trouvé dans les combles du château.

La chambre royale

Le contraste entre les appartements de François Ier et ceux de Louis XIV est saisissant: parquets, boiseries, cheminées en marbre, miroirs, objets et mobilier, tout concourt à donner aux pièces aménagées au XVIIe siècle un peu de confort sans renoncer à la grandeur et à la magnificence. La chambre royale a reçu récemment un décor rouge et des boiseries dorées provenant du château de Versailles. Le sol est

En haut, *portrait du roi Louis XIV.*

En bas, *portrait de Françoise d'Aubigné (1635-1719), marquise de Maintenon. Louis XIV l'épousa secrètement à la mort de Marie-Thérèse.*

Appartement de Louis XIV, première antichambre.

Page ci-contre, *première antichambre: détails de deux vases de Sèvres commandés par Charles X en 1823-24 et achetés par l'Etat en 1988.*

couvert d'un tapis provenant de la Savonnerie aux armes de France (XVIIIe siècle). Les séjours du roi duraient environ trois semaines et il faut imaginer que régnait à Chambord la même étiquette qu'à Versailles et que les fêtes étaient nombreuses. Certaines sont restées en mémoire.

Ainsi, le 6 octobre 1669, Molière et Lulli créèrent *Monsieur de Pourceaugnac*, vraisemblablement dans le bras sud de la salle en croix du premier étage transformé en théâtre. Un récit de la représentation nous apprend qu'elle faillit être interrompue par suite d'une indisposition de Molière et que Lulli s'offrit à le remplacer. Le roi restait de marbre en dépit des facéties des comédiens. Lulli «courait, dansait, gambadait. Louis ne riait point. Pour obtenir enfin ce sourire tant désiré, Lulli remonte la scène, descend avec rapidité, prend son élan et saute à pieds joints au milieu du clavecin de l'orchestre, le brise en mille pièces, au risque de se casser les jambes: l'instrument vole en éclats... Lulli disparaît dans l'abîme, sa chute est un triomphe.» L'année suivante, le 14 octobre 1670, Molière créa encore *Le Bourgeois gentilhomme* et le souverain daigna rire dès la deuxième représentation.

Les deux antichambres de Louis XIV

La **première antichambre** (le bras nord cloisonné de la salle cruciforme) abrite une collection de tableaux, pour l'essentiel des copies de tableaux importants liés à l'histoire de France, provenant du château de Rosny-sur-Seine et offerts à Chambord au XIXe siècle par Marie-Caroline de Berry, mère du comte de Chambord. La pièce a été décorée par le Maréchal de Saxe qui y reçut Madame de Pompadour, venue du château voisin de Ménars. L'immense console ou table à gibier recouverte d'un plateau de pierre de liais fait partie du mobilier ancien du château.

La grande pièce suivante, nommée **seconde antichambre** (voir illustration p. 30), a servi de salle de billard sous Louis XIV. Un splendide billard ayant appartenu au roi Charles X a été acquis par l'Etat et récemment restauré pour être placé dans cette pièce. Au mur, une suite de tapisseries, *L'Histoire d'Ulysse*.

Au XVIIIe siècle, cette salle était décorée des trophées du Maréchal de Saxe pris à la bataille de Fontenoy qui disparurent à la Révolution. Au-dessus de la cheminée, se trouve un portrait de Louis XIV en Grand-Maître de l'ordre du Saint-Esprit.

CHÂTEAU DE CHAMBORD

CHÂTEAU DE CHAMBORD

En haut, *Donjon, premier étage, première antichambre ou salle de Compagnie;* à gauche, *portrait du dauphin Louis, père de Louis XVI;* à droite, *portrait de Louis XIV.* Ci-contre, *salle de la Dauphine: buste de Louis XIV, plâtre original d'Antoine Coysevox (1640-1720), un des sculpteurs préférés de ce roi.*

LES HÔTES DE LOUIS XV

En 1725, Louis XV installe à Chambord son beau-père, le roi de Pologne Stanislas Leszczyński qui en fait, pour un temps, sa résidence permanente en dépit du fait que le château est souvent insalubre du fait du mauvais entretien des abords.
Louis XV donne enfin Chambord, le 25 août 1746, au maréchal Maurice de Saxe, vainqueur de Fontenoy. Chambord retrouve son faste entre 1748 et 1750. Un théâtre, où se produisit Madame

Donjon, premier étage, première antichambre ou Salle de Compagnie: en haut, à gauche, *de Stanislas Leszczyński (1677-1766), roi de Pologne. Chassé du trône de Pologne, il vécut à Chambord de 1725 à 1733, le domaine ayant été mis à sa disposition par le roi Louis XV, puis dans ses duchés de Lunéville et Nancy.* En haut, à droite, *portrait de Marie-Josèphe de Saxe, mère de Louis XVI.* Ci-contre, *portrait du roi Henri IV. Les portraits de ce roi populaire furent très répandus dans les milieux légitimistes du XIX*e *siècle.*

Favart, est installé au second étage dans le bras nord de la salle cruciforme. Du très beau mobilier que reçut le château à cette époque, il reste un des poêles en faïence et la grande console dans la première antichambre de Louis XIV.

Entre la mort du maréchal de Saxe et la Révolution de 1789, le château est habité par les gouverneurs de Chambord (famille de Saumery puis duc et marquis de Polignac jusqu'en 1790). Pendant la Révolution française, le domaine fut pillé et, en 1793, les meubles furent vendus aux enchères mais le château est préservé de la destruction.

En 1809, Napoléon érige le domaine de Chambord en principauté de Wagram et l'offre au maréchal Berthier.

A sa mort en 1815, la dotation de Napoléon étant

La seconde antichambre de l'appartement de Louis XIV.

Ci-contre, *le lit (de parade) du Comte de Chambord: exécuté à Nantes en 1873 par Emile Poinçon, il porte les monogrammes d'Henri et de sa femme Marie-Thérèse de Modène. Il ne fut jamais utilisé. Le motif de la fleur de lys est omniprésent, y compris sur le tapis au point exécuté par les dames légitimistes du Poitou. A l'arrière-plan, portrait en pied de Charles X.*

supprimée, sa veuve, la princesse Elisabeth de Wagram, ne peut plus assumer les charges de l'entretion du domaine. Elle obtient du roi Louis XVIII l'autorisation de le mettre en vente. On songe à divers projets dont l'un serait le lotissement du Domaine tandis que le bruit court que la Bande Noire, une société de spéculation, se montre intéressée par le rachat d'un édifice qu'elle utiliserait comme carrière de pierre. Le comte de Calonne, avec le concours de la duchesse de Berry, ouvre alors une souscription au profit du jeune Henri, duc de Bordeaux, né le 29 septembre 1820 et surnommé «l'enfant du miracle» parce qu'il est né après l'assassinat de son père, le duc de Berry (13 février 1820), et parce qu'il représente le seul espoir des légitimistes. En 1828, la duchesse de Berry pose la première pierre de la restauration du château. Cependant, après la révolution de Juillet (1830), le roi Charles X, la duchesse de Berry et le duc de Bordeaux prennent le chemin de l'exil. Henri porte alors le titre de courtoisie de comte de Chambord en hommage aux Français qui lui ont offert ce symbole de la monarchie. Il passe sa vie loin de la France et ne viendra qu'une fois à Chambord, pour y signer le *Manifeste du Drapeau Blanc*, qu'on peut lire, gravé dans le marbre dans cette salle du premier étage du donjon qui rassemble les souvenirs évoquant sa mémoire. A sa mort, le domaine revient à ses héritiers autrichiens. L'Etat français s'en porte acquéreur en 1917 au terme d'un procès. Divers objets évoquant son souvenir ont été rassemblés dans l'appartement de Monseigneur le Dauphin, fils de Louis XIV.

HENRI
COMTE DE CHAMBORD
GÉNÉALOGIE
MAISON DE FRANCE
LOUIS XVI
LOUIS XVIII
LOUIS-DAUPHIN
LOUIS XV
CHARLES X

Pièce de 4 de campagne

Page ci-contre, *le parc d'artillerie miniature offert au Comte de Chambord enfant. Il apprenait, tout en jouant, son métier de roi en se familiarisant avec les pièces qu'il aurait dû utiliser un jour.*

En haut, *tableau de Dubuffe représentant la naissance du duc de Bordeaux au palais des Tuileries. Marie-Caroline de Berry présente son fils Henri à la garde en présence du roi Louis XVIII. La jeune soeur aînée du futur prétendant au trône de France, Louise de France, est représentée à gauche du tableau.*

Ci-contre, *détail du lit de parade du Comte de Chambord.*

LES SOUVENIRS DU COMTE DE CHAMBORD

Certains objets se rapportent à sa jeunesse. La statue en plâtre le représentant en capitaine des lanciers, sous le portrait de sa mère, Marie-Caroline de Berry, fait pendant à la statue d'Henri IV enfant et rappelle que le duc de Bordeaux aurait pu régner sous le nom d'Henri V. Le parc d'artillerie miniature avec ses pièces en état de marche lui fut offert par le commandant Ambroise.
D'autres souvenirs évoquent ce personnage à divers moments de sa vie hors de France, parmi eux, le tableau représentant les derniers moments de Charles X en exil, le portrait équestre du comte de Chambord par Schwiter, une vue du Grand Canal de Venise, un buste signé Charron. Dans les pièces voisi-

En haut, à gauche, *le* Manifeste du Drapeau Blanc.

A droite, *portrait équestre du Comte de Chambord par le baron de Schwiter. On distingue, à l'arrière-plan gauche, la silhouette de Venise.*

nes, se trouvent le buste d'Henri V et le modèle en bronze sur socle de bois de la statue équestre du Comte de Chambord, par Gérard.

Les collections du château de Chambord comprennent également le trône d'Henri V (*non exposé*), les volumes de la souscription nationale pour Chambord, et une série d'objets de propagande diffusés après 1830: petites boîtes portant l'effigie d'Henri ou de Louise, un grand nombre de gravures dont celles représentant Marie-Caroline pendant sa captivité de Blaye ou ses enfants, des médailles données en diverses occasions.

Le *Manifeste du Drapeau Blanc* ou *Manifeste de Chambord* est daté de Chambord, le 5 juillet 1871. L'Assemblée venait d'abroger les lois relatives à l'exil des princes de la maison de Bourbon et le Comte de Chambord décida d'un séjour incognito en France. Le *Manifeste* annonce un programme: «décentralisation administrative et franchises locales», libertés publiques, un suffrage universel «honnêtement pratiqué» et le contrôle de deux Chambres. Il évoque aussi le drapeau blanc: «Je ne laisserai pas arracher de mes mains l'étendard d'Henri IV, de François Ier et de Jeanne d'Arc [...] Je l'ai reçu comme un dépôt sacré du vieux roi, mon aïeul mourant en exil; il a toujours été pour moi inséparable du souvenir de la patrie absente; il a flotté sur mon berceau, je veux qu'il ombrage ma tombe.»

Pendant l'exil du prétendant légitimiste et notamment pendant la longue période où il résida au château de Frohsdorf (Autriche), le Domaine de Chambord fut administré par des fidèles dont Joachim Barrande, «mandataire général», qui répercutait vers l'Autriche les demandes de secours provenant de la France entière. Il contrôla aussi les restaurations faites à partir de 1850 et qui ne furent pas interrompues par la mort du comte (1883) ni par celle de la comtesse de Chambord (1886). Le duc de Parme et le comte de Bardi continuèrent de réserver les produits du domaine pour la restauration du château. Cependant, les restaurations étaient importantes. Le château avait servi d'hôpital en 1871 et il avait fallu brûler les boiseries pour chauffer les soldats blessés. Les architectes Desbois, père et fils, étaient chargés des restaurations. En 1890, ils restaurent et même reconstruisent la lanterne et le lanter-

non (voir les originaux dans le petit musée lapidaire). Resté seul héritier, R. de Parme mourut en 1907.
Son fils aîné, le prince Elie, avait fait carrière dans l'armée autrichienne et, en 1914, le domaine de Chambord fut placé sous séquestre. L'Etat français put en disposer au terme d'un procès en 1930. Les travaux de restauration dirigés par Maurice Lotte puis par Grenouillot s'accélérèrent à l'approche de la dernière guerre lorsque le château accueillit une partie des collections du Louvre.
Après 1945, et jusqu'en 1974, les travaux furent confiés à Michel Ranjard.
Le parti qui a été adopté pour les aménagements intérieurs de Chambord est double: évoquer les grands personnages qui sont liés à son histoire et redonner vie aux espaces immenses de l'édifice, monument de la royauté française. Le donjon avait été conçu comme un décor d'apparat, le lieu symbolique de la rencontre entre la cour et le monarque, le

Ci-contre, *portrait de Charles X en tenue de sacre.*

En bas, *Charles X recevant l'extrême-onction (6 novembre 1836) des mains du Cardinal de Latil qui l'avait sacré roi à Reims. Au pied du lit, ses petits-enfants: Henri et Louise.*

Donjon, premier étage, la chambre dite «des Lauriers roses», aménagée en 1784 dans l'ancienne salle à manger du Maréchal de Saxe. Au centre: le lit à la polonaise (seconde moitié du XVIIIe siècle). Pour réduire le volume de la pièce, on a notamment abaissé le plafond.
Cette pièce abrite une vue de Chambord par Van der Meulen, un portrait de Racine par Largillière, au trumeau de la cheminée, et les portraits des comtes d'Artois et de Provence.

lieu idéal de rencontres diplomatiques entre le monarque et ses rivaux. Le décor actuel du château au premier étage perpétue cette image de Chambord royal, symbole du prestige du pouvoir politique.
Si le château a été peu habité, il l'a été par des hôtes de marque et leur effigie sert à souligner et faire revivre l'architecture grandiose du lieu.
Après la Révolution qui souhaita le détruire ou, du moins, détruire les emblèmes de la royauté, (on dit que Chambord fut sauvé parce que l'architecte Marie gonfla le devis de destruction), les projets se multiplièrent.
Pour ce palais d'utopie, on a conçu des dizaines de projets, grandioses ou non, à travers les siècles. Déjà, en 1529, selon les Comptes des Menus Plaisirs du roi, François Ier avait demandé à Pietro Caccia, ingénieur hydraulicien, comment procéder pour détourner une partie du cours de la Loire jusqu'à Chambord afin qu'elle baigne les pieds de son château. Sous Napoléon, il aurait pu devenir le siège d'une

Ci-contre, *portrait de Louis XV.*

En bas, *détail du tissu des tentures, copie d'une soierie peinte du XVIIIe siècle.*

Donjon, premier étage, tour nord-ouest (tour Dieudonné): appartement du gouverneur. Il fut habité par M. de Saumery, gouverneur du château en 1755, puis son successeur, le marquis de Polignac. Celui-ci remania les appartements et dirigea le haras créé par le Maréchal de Saxe dans ses écuries.

Ci-contre, *la Chapelle, située dans la tour et l'aile ouest, au premier étage: il s'agit de la plus vaste salle du château. Sa construction s'échelonna sur plus d'un siècle. Le vaisseau mesure environ 10 mètres sur 30. Les chapiteaux des colonnes galbées portent les emblèmes de François Ier. Au-dessus les chapiteaux des pilastres qui encadrent les fenêtres feintes portent l'initiale et l'emblème (un croissant) d'Henri II son fils. La voûte a été construite par Louis XIV. La chapelle est logée dans la tour et déborde dans l'aile ouest. Elle est audacieusement percée, sur toute sa hauteur, par des baies qui éclairent l'autel. Les doubles portes donnent accès aux sacristies. L'aménagement intérieur fut terminé pour le roi Stanislas Leszcziński sur ordre du roi Louis XV. Les vitraux datent de l'époque du comte de Chambord. La chapelle, qui a accueilli de prestigieuses cérémonies de mariage, est maintenant utilisée pour des concerts.*

maison d'éducation de la Légion d'Honneur (décret non-appliqué de 1806).
On pensa aussi en faire une colonie agricole. Paul-Louis Courier et, plus tard, Eugène Sue (1848) développeront l'idée d'un Chambord phalanstérien avec manufacture-modèle, ferme-école, «invalides», hospice, écoles, etc. Chambord serait devenu un «paradis terrestre» (Eugène Sue). Les rêves utopiques ou phalanstériens prennent d'autant plus facilement Chambord pour cible que ce château grandiose est magnifiquement isolé et que ses proportions semblent surhumaines.
Tout à Chambord ne peut que présenter des particularités exceptionnelles. Aujourd'hui encore, le village, la mairie ou encore le cimetière sont loués à l'Etat.

En haut, *Donjon, second étage, un bras de la salle cruciforme: ces salles carrelées et chauffées sont voûtées.*

En bas, *détail de la voûte à caissons sculptés.*

Page ci-contre, *l'aile ouest, la tour de la chapelle, l'escalier extérieur Henri II et la galerie qui mène au donjon, vus des terrasses. La tourelle d'escalier, éclairée par de larges baies, est enveloppée, à hauteur du premier étage, par une galerie extérieure reposant sur arcades, qui double la galerie intérieure à deux niveaux superposés. Le décor sculpté de l'escalier Henri II n'est pas achevé. Son sommet aurait vraisemblablement dû recevoir des termes, ces statues-colonnes qui ornent l'escalier extérieur François Ier, son symétrique dans la cour d'honneur est. Ici, les volumes des pierres ont seulement été épannelés. Le dernier étage de l'escalier, les lucarnes et la couverture de l'aile et de la tour de la chapelle n'ont été mis en place qu'en 1685. La différence stylistique dans le traitement des lucarnes est nette: sur la galerie, la lucarne est très ornée et représente une sorte de modèle du décor de la Première Renaissance; sur l'aile ouest, les lucarnes sont surmontées d'un fronton classique.*

En haut, *Donjon, second étage, Salle de Diane: la série de tapisseries tissées à la Manufacture de Paris, atelier du faubourg Saint-Marcel, évoque l'*Histoire de Diane *d'après des cartons de Toussaint Dubreuil.*

Ci-contre, *statue de marbre blanc,* Diane Calysto *(1892), par Alexandre Falguière (1831-1900). Une vitrine contient notamment des statuettes de bronze dont une* Diane de Houdon.

Donjon, second étage, Salle des trophées de Marion Schuster: les panneaux de boiseries proviennent du château de Bercy. Une arbalète et des couteaux sont présentés dans la vitrine.

LE MUSÉE DE LA CHASSE ET DE LA NATURE

Au second étage, des collections du Musée de la Chasse et de la Nature (Fondation Jacqueline et François Sommer, créée en 1966) constituent une annexe du musée parisien de l'Hôtel Guénégaud. La Fondation représente un centre d'influence cynégétique qui encourage et assiste les chasseurs et les défenseurs de la nature.
Les collections cynégétiques et les collections d'armes (du XVIe siècle au XIXe siècle) et une collection de trophées (don de Marion Schuster) voisinent avec des séries de très belles tapisseries.
Dans des salles plus petites, d'autres objets à sujets de chasse sont rassemblés: verrerie, faïences, sculptures, couteaux de chasse, plaques de gardes, boutons d'équipage, etc.
Des meubles parfois extrêmement originaux côtoient des objets d'art divers, des tableaux, des gravures et des lithographies. De très nombreux trophées et quelques animaux naturalisés complètent cette évocation historique de l'univers de la chasse.
Chambord, rendez-vous de chasse, monument de la royauté, merveilleux exemple de l'architecture de la première Renaissance française, réserve de la faune sauvage européenne, est aussi un lieu d'inspiration pour les écrivains qui savent éprouver la magie du lieu.
Ainsi François-René de Chateaubriand, dans la *Vie de Rancé*, voit-il une arabesque ou l'envol d'une chevelure de femme dans la silhouette du palais de François Ier:

En haut, *Donjon, second étage, Salle François Sommer: suite de tapisseries tissées à la Manufacture des Gobelins d'après les cartons de Le Brun (seconde moitié du XVIIe siècle), représentant* L'histoire de Méléagre*: La Chasse au sanglier de Calydon, L'entrevue de Méléagre avec Castor et Pollux, Méléagre présentant la hure à Atalante, Althéa, mère de Méléagre, jetant au feu le tison fatal.*

Ci-contre, *Donjon, second étage, Salle flamande: tapisserie de Tournai, vers 1530, représentant* La Chasse au loup.

Donjon, second étage, Salle flamande: deux portraits.

«De loin, l'édifice est une arabesque; il se présente comme une femme dont le vent aurait soufflé en l'air la chevelure; de près cette femme s'incorpore dans la maçonnerie et se change en tours; c'est alors Clorinde appuyée sur des ruines. Le caprice d'un ciseau volage n'a pas disparu; la légèreté et la finesse des traits se retrouvent dans le simulacre d'une guerrière expirante. Quand vous pénétrez en dedans, la fleur de lys et la salamandre se dessinent dans les plafonds. Si jamais Chambord était détruit, on ne trouverait nulle part le style premier de la Renaissance, car à Venise il s'est mélangé.»
Ainsi enfin, Alfred de Vigny propose-t-il, dans un passage célèbre de *Cinq-Mars*, roman historique paru en 1826, cette description du château: «On dirait que, contraint par quelque lampe merveilleuse, un génie de l'Orient l'a enlevé pendant une des mille nuits, et l'a dérobé au pays du soleil pour le cacher dans ceux du brouillard, avec les amours d'un beau prince. Ce palais est enfoui comme un trésor; mais à ces dômes bleus, à ces élégants minarets, arrondis sur de larges murs ou élancés dans l'air, à ces longues terrasses qui dominent les bois, à ces flèches légères que le vent balance, à ces croissants entrelacés partout sur les colonnades, on se croirait dans les royaumes de Bagdad ou de Cachemire, si les murs noircis, leur tapis de mousse ou de lierre, et la couleur pâle et mélancolique du ciel n'attestaient pas un pays pluvieux.»
Le château de quatre cent quarante pièces dont François Ier ne vit pas l'achèvement est maintenant placé sous la sauvegarde de ses sept cent mille visiteurs annuels. Séduits encore par l'harmonie ordonnée de ses volumes, le prestige de ses espaces intérieurs et la richesse de son environnement, ils sont retenus par des spectacles (dont un «son et lumière»), des concerts, des manifestations temporaires ou des fêtes qui assurent au lieu un rayonnement international.

Le donjon vu de l'enceinte basse et l'exubérance du décor des parties hautes: lucarnes à fronton, cheminées monumentales, niches à coquille, tourelles d'escalier.

Ci-contre, *les terrasses du donjon: les pavillons contiennent des appartements et ressemblent à un village miniature suspendu prodigieusement orné. Les terrasses du château permettaient d'observer la course du cerf dans toutes les directions. Un des pavillons abrite l'excellente exposition permanente* Comprendre Chambord *qui complète la visite en présentant des documents et des maquettes.*

LE DOMAINE DE CHAMBORD

L'une des premières vocations du domaine de Chambord est la vénerie. Si la forêt est source de richesse, la chasse est source de plaisir renouvelé. Le domaine est ouvert, par six portes, sur la forêt de Boulogne au sud et sur la campagne solognote au nord. Formé de landes, de forêts et de prairies, jadis exploité par des fermes disséminées dans des clairières de déboisement, le domaine a subi un important reboisement au XIXe (2000 ha) et au XXe siècle (1000 ha). Les futaies de résineux sont plus étendues que les futaies de chênes. Actuellement, sur 5343 hectares, 4800 sont occupés par les bois et les étangs.

Les chasses de Chambord ont toujours fait vivre le domaine. De nos jours, la gestion cynégétique est assurée par la présidence de la République et le domaine et le château reçoivent toujours, pendant la saison des chasses, des hôtes illustres, chefs d'Etat et ministres, français ou étrangers.

En 1970, une réserve a été créée qui permet d'étudier la faune sauvage européenne: cerfs, sangliers, chevreuils, etc. La population de cervidés est équilibrée par les tirs de sélection et par des captures qui permettent de repeupler d'autres forêts. Les sangliers font l'objet de battues. Une partie du parc (près de 1500 hectares) est ouvert au public, des observatoires ont été installés et trois sentiers ont été balisés à son intention (sentier-cerf, sentier-chevreuil, sentier-sanglier), outre le sentier de grande randonnée.

TABLE DES MATIERES

Imprimé en Italie par Centro Stampa Editoriale Bonechi
Diffusion: OVET PARIS - 13 rue des Nanettes - 75011 Paris 11e - Téléphone 43.385.680 - Télex 240369 - Fax 40218644

Les photos appartiennent aux Archives des Editions Bonechi et ont été réalisées par Gianni Dagli Orti, à l'exception de Andrea Pistolesi: pp. 1, 2, 6, 7.

ISBN 978-88-7009-950-8